Despegue

por Carmen Bredeson

Consultores

Minna Gretchen Palaquibay
Centro Rose para la Tierra y el Espacio
Museo Americano de Historia Natural
Nueva York, Nueva York

Nanci R. Vargus, Ed.D.
Maestra primaria
Escuelas de Decatur
Indianápolis, Indiana

Katy Kane
Consultora de educación

Traductora

Eida DelRisco

Children's Press®
Una división de Scholastic Inc.
Nueva York   Toronto   Londres   Auckland   Sydney
Ciudad de México   Nueva Delhi   Hong Kong
Danbury, Connecticut

Diseñador: Herman Adler Design
Investigadora de fotografías: Caroline Anderson
La foto de la cubierta muestra el lanzamiento de la nave espacial Endeavour.

Información de Publicación de la Biblioteca del Congreso de los EE.UU.

Bredeson, Carmen.
  [Liftoff! Spanish]
  Despegue / por Carmen Bredeson.
      p. cm. — (Rookie español, ciencias)
Incluye un índice.
  ISBN 0-516-25100-7 (lib. bdg.)   0-516-25510-X (pbk.)
  1. Cohetes (Aeronáutica)—Lanzamiento—Literatura juvenil. 2. Naves espaciales—
Literatura juvenil. 3. Vuelo espacial—Literatura juvenil. I. Título. II. Series.
  TL782.5B74 2004
  629.45'2—dc22

                                    2004005065

Se aproxima el día del lanzamiento de la nave espacial. La nave será enviada al espacio.

La nave es transportada a un edificio enorme.

Unas grúas la alzan de manera que quede apuntando hacia el cielo.

Un tanque de combustible
se acopla a la nave. El
combustible le dará energía.

A cada lado hay dos
cohetes propulsores.
Los propulsores le dan
más potencia a la nave.

tanque de combustible   cohetes propulsores

7

Es hora de ir a la rampa
de lanzamiento. La nave
es transportada en un
camión grande y plano.
Este camión se llama
transporte oruga (*crawler*).

El transporte oruga se mueve como un tanque, sobre bandas hechas con listones. Los listones se agarran al suelo y ayudan a mover la pesada carga.

11

El transporte oruga se mueve a una milla por hora. La nave demora casi cinco horas en llegar a la rampa de lanzamiento.

Los astronautas también se preparan para el despegue. Se ponen sus trajes de lanzamiento naranjas. Una camioneta los espera para llevarlos a la nave.

15

La tripulación entra en el elevador de la rampa de lanzamiento, que los lleva hasta la puerta de la nave.

Los astronautas entran
gateando a la nave. Unos
ayudantes los atan a los
asientos. Luego, los
ayudantes abandonan
la nave y cierran la puerta.

19

20

Todos están listos.
Los motores principales
se encienden seis segundos
antes del despegue. El
ruido de los motores
es cada vez más fuerte.

Cinco, cuatro, tres, dos, uno, ¡despegue!

La nave comienza a temblar. De la parte inferior salen llamas.

23

Los astronautas son
empujados hacia atrás
en sus asientos. Suben
a una velocidad increíble.
Este viaje tan movido
dura ocho minutos y medio.

De repente, todo vuelve
a la calma. Los motores
se han apagado.

La nave da vueltas
alrededor de la Tierra.

28

Los astronautas se
desabrochan los cinturones.
Salen flotando de sus
asientos. Todos sonríen
de oreja a oreja.

Palabras que sabes

astronauta

tanque de combustible

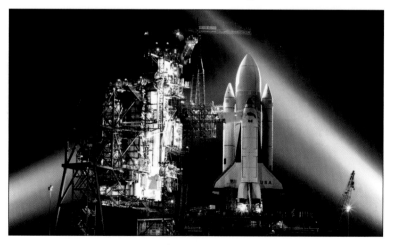

rampa de lanzamiento

traje de lanzamiento   cohete propulsor

nave espacial

31

Índice

Acerca de la autora

Carmen Bredeson ha escrito docenas de libros informativos para niños. Vive en Texas y le gusta viajar y hacer investigaciones para sus libros.

Créditos de las fotografías